하나님나라
제자훈련

워크북 ❷

복음적 삶의 기초

하나님나라 제자훈련
워크북 ❷
복음적 삶의 기초

초　　판 3쇄 발행 2019년 4월 5일
개정판 4쇄 발행 2023년 3월 23일
수정판 2쇄 발행 2025년 3월 20일

지은이 이종필
펴낸이 김춘자
펴낸곳 목양북

등록 2024년 3월 22일 제 2024-047호
주소 경기도 용인시 처인구 양지면 학촌로53번길 19
전화 070-7561-5247 팩스 0505-009-9585
이메일 mokyang-book@hanmail.net

하나님나라 복음에 입각하여
세계관적 접근을 바탕으로
총체적 기독교 신앙을 양육하는

하나님나라 제자훈련

워크북 ②

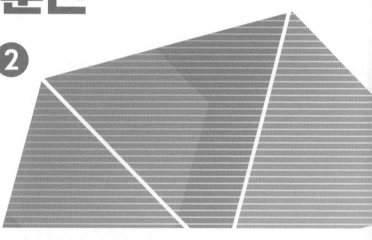

복음적 삶의 기초

이종필 지음

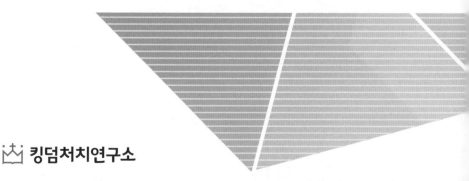

킹덤처치연구소

차례

추천의 글

개척의 불모지인 강남에 교회를 개척하여 오로지 말씀으로 건강하고 강력한 공동체를 세운 이종필 목사의 핵심적인 스피릿이 이 교재에 녹아 있다. 성경적인 동시에 상황적이며, 이론적인 동시에 실천적이며, 신학적인 동시에 교회적인 이 교재야말로 위기에 빠진 한국교회의 많은 성도들을 양육하기에 매우 적절하다. 그의 수고에 찬사를 보낸다.

김인중 목사(안산동산교회 원로목사)

'하나님나라'는 주님께서 전하신 복음의 핵심 내용입니다. 이종필 목사님은 이 교재에서 진정한 제자가 반드시 알아야 할 '하나님나라'의 원리와 실천에 대해 매우 정확하게 정리하고 있습니다.

성석환 교수(장로회신학대학교 교수/도시공동체연구소장)

그는 오늘날의 목회자들이 강조하는 '복음'이 정말 '복음'인지 고민하였고, 혼신의 힘을 다해 부흥을 이루려는 '교회'가 정말 '교회'인지 고민하면서 살아왔다. 그는 이제 그가 깨달은 복음과 교회를 이 교재 속에 담았다.

김정우 교수(총신대학교 신학대학원 교수, 한국신학정보연구원장)

아직까지 기본 신앙교육에서부터 하나님나라 신학에 입각한 성경의 세계관적 지향을 담아내는 교재가 없었다. 학문적 신학에서도 이 작업을 체계적으로 수행해 놓지 못한 상태에서 회중들의 현실을 하나님나라의 비전을 갖고 치열하게 대면해 온 목회자이며 말씀운동가인 저자가 용기 있게 돌파구를 열어주었다.

오형국 목사(한국성서유니온선교회 광주지부 총무)

이 교재는 이 치명적인 질병에 직면하고 가장 중대한 복음, 하나님나라의 세계관으로 우리를 세밀하고 확고하게 이끌어주는, '삶의 실천으로 써내려간' 역작입니다.

정갑신 목사(예수향남교회 담임목사)

하나님나라 제자훈련의 유익

그동안 하나님나라 제자훈련(목양, 2016 / 2019년 하나님나라 제자훈련(인도자지침서)로 개정)을 사용하시는 목사님들과 성도님들께서 조금 더 쉽게 사용할 수 있는 교재를 요청했습니다. 이러한 현장의 필요를 담아 하나님나라 제자훈련의 내용을 성도들이 쉽게 공부하도록 워크북 형식의 시리즈를 기획했습니다.

이 교재를 사용하신다면 다음과 같은 유익을 얻을 수 있습니다.

1) 포괄적이고 총체적인 기독교 세계관을 훈련할 수 있습니다

우리는 이 세상의 회복을 위해 하나님의 말씀으로 세상의 모든 영역에 대해 기독교적 사고를 훈련해야 합니다. 이 교재를 통해 하나님 백성의 세계관을 형성하고, 새롭게 변화된 세계관을 가지고 이 세상을 회복하시는 하나님나라 복음을 증언하는 진정한 그리스도인으로 성장할 수 있습니다.

2) 포스트모던 시대에 맞는 변증을 통해 신앙의 확신을 얻을 수 있습니다

어느 시대나 신앙에 관한 변증이 필요합니다. 변증은 이 세상을 살아가는 우리 스스로에게 일어나는 신앙에 대한 의심들을 해소시키는 것이며, 나아가 기독교가 전하는 복음이 세상에 제시하는 대안과 비전을 선포하는 과정입니다. 이 교재를 통해 유일한 진리인 복음에 대한 도전들에 대해 답할 수 있는 건강한 그리스도인으로 성장할 수 있습니다.

3) 복음을 실제화하는 삶의 방식을 훈련할 수 있습니다

이 시대에 기독교 신앙은 성경을 사변적으로 이해하는 것을 넘어서서 삼위일체 하나님을 주님으로 신뢰하고 살아가는 삶의 방식이어야 합니다. 그 삶의 방식으로 참된 기독교 신앙을 증거할 수 있습니다. 이 교재를 통해 우리가 살아가는 모든 삶의 영역에서 하나님나라의 통치를 구현하는 복음의 실제화가 가능합니다. 복음을 살아내는 성도로 성장하실 것입니다.

이 교재의 모든 내용은 필자의 창작물이 아닙니다. 필자가 성장하며 배웠던 기독교 신앙의 내용과 교재들에 근거하고 있을 뿐입니다. 다만, 시대의 변화에 맞추어 약간 새로운 방식으로 기독교 신앙을 훈련하는 방법을 찾아서 최신의 신학자와 목회자들의 연구들을 가져왔습니다. 다양한 연구물들을 정리한 것이지, 필자의 것은 전혀 없습니다. 모쪼록 도움이 되시길 기대해 봅니다.

2024년 10월
이종필 목사

하나님나라 제자훈련을 받는 이들에게 드리는 글

1. 하나님나라 제자훈련을 받게 되신 여러분을 축복합니다. 만약 신앙에 도움 되는 독서를 원하시면 다음의 책들을 추천해 드립니다.

1) 성경은 드라마다 (마이클 고힌/크레이그 바르톨로뮤, IVP)
2) 세계관은 이야기다 (마이클 고힌/크레이그 바르톨로뮤, IVP)
3) 니고데모의 안경 (신국원, IVP)
4) 나는 왜 그리스도인이 되었는가 (존 스토트, Ivp)
5) 하나님나라 관점으로 구약관통/신약관통 (이종필, 넥서스크로스)

2. 하나님나라 제자훈련을 받으시는 과정에서 교회의 사정에 따라 인도자를 통해 과제가 주어집니다. 이 과제는 여러분들의 삶을 돌아봄으로서 하나님의 인도하심을 정리하며, 하나님나라를 누리는 삶을 위해 여러분이 훈련해야 할 요소들을 점검하고, 여러분들의 미래의 삶을 하나님나라의 비전 안에서 정리해 보는 것입니다. 주어진 책을 읽고 보고서를 내는 과정에서 양육하시는 교역자와 진실한 소통이 이루어질 것입니다.

보고서 제목	기한	읽고 요약할 책	내용
나의 신앙 여정	제1권 복음과 기독교 세계관 4과가 끝나기 전에	<믿고 싶지만 믿어지지 않는 이에게> 아르카, 2020, 이종필 지음	자신이 어떻게 그리스도인이 되게 되었는지 혹은 지금까지 그리스도인으로 살아왔는지 정리합니다. 자신의 과거를 요약하며, 어떠한 신앙적 배경이 있고, 어떻게 하나님을 만났으며, 교회 생활의 변동은 어땠는지, 아직도 기독교에 대한 확신이 없다면 이유는 무엇인지 기록해 봅니다. (책 요약 A4 2장, 자신에게 적용 2장)
나에게 필요한 훈련	제 2 권 복음적 삶의 기초 4과가 끝나기 전에	<훈련> 목양, 2010, 이종필 지음	책을 읽고 기독교 신앙에 훈련이 왜 필요한지 정리합니다. 책이 다루는 11가지 주제들 각각에 대하여 자신의 삶에 적용하고, 하나님나라를 누리는 삶을 위해 자신에게 어떤 훈련이 필요한지 두 가지 주제를 선택하여 적용해 봅니다. (책 요약 A4 2장, 자신에게 적용 2장)
나의 미래 계획서	제 3 권 세상에 대한 유일한 이야기: 성경 4과가 끝나기 전에	<비전 위대한 인생의 시작> 목양, 2019 개정판, 이종필 지음	책을 읽고 요약합니다. 그리고 복음이 자신의 삶에 어떻게 적용되며, 어떤 부르심이 있는지 훈련 기간 동안 생각한 내용을 기록합니다. 나아가 그 부르심을 위해 어떻게 살아가야 할지 구체적으로 계획을 세워 봅니다. (책 요약 A4 2장, 자신에게 적용 2장)

3. 하나님나라 제자훈련은 워크북 1, 2, 3권으로 구성되어 있습니다. 각 과정은 각각 6과 6과 7과입니다. 인도자의 결정에 따라 공부한 내용을 시험을 통해 정리하게 됩니다. 또한 인도자 지침서에 나오는 이단에 대한 강의가 한 주 추가될 수 있습니다. 이단에 대한 강의를 듣고 내 주변에 활개를 치는 이단들을 조사하여 발표하면 서로의 신앙에 많은 유익이 있을 것입니다.

4. 하나님나라 제자훈련은 지식만을 배우는 것이 아닙니다. 함께 건강한 공동체를 이루며, 나아가 천하만민의 복의 통로가 되는 제자로 성장하는 것을 목적으로 합니다. 따라서 가급적 그룹을 이루어 진행 하십시오. 그리고 서로 친밀해지는 교제의 시간을 가지며 함께 훈련하는 분들과 공동체를 이루어 가시길 바랍니다.

1 그리스도인이 된다는 것의 의미

1. 그리스도인이 된다는 것은 어떤 의미인지 정리한다.
2. 이 땅에서 하나님나라를 맛보며 구현하는 그리스도인의 사명에 대해 살펴본다.

야곱의 삼촌인 라반은 자신의 많은 양들을 가지고 떠난 조카 야곱이 못마땅한데다
자신의 우상 드라빔이 없어진 것을 알고 그를 뒤쫓는다.
하지만 라반은 야곱을 만나 평화의 언약을 맺는다.
라반과 야곱은 평화로운 관계를 설정하고
야곱의 아내들, 자녀들을 비롯해 모든 재산을 야곱의 것으로 인정한다.
또한 야곱에게 자신의 딸들과 자신에게 충성을 다할 것을 요구한다.

주제 말씀 읽기와 찬양

· **찬양으로 마음열기**

· **주제 말씀**   베드로전서 2장 9-10절

"그러나 너희는 **택하신 족속**이요 **왕 같은 제사장**들이요 **거룩한 나라**요 **그의 소유가 된 백성**이니 이는 너희를 어두운 데서 불러 내어 그의 기이한 빛에 들어가게 하신 이의 아름다운 덕을 선포하게 하려 하심이라 너희가 전에는 백성이 아니더니 이제는 하나님의 백성이요 전에는 긍휼을 얻지 못하였더니 이제는 긍휼을 얻은 자니라"

· **여는 대화**

1) 당신에게 그리스도인이란 어떤 이미지인가요? 교회에 다니는 사람?
   술과 제사를 거부하는 사람? 여러 종교 중 하나를 선택한 사람?
   자신의 의견을 나눠 주세요.

2) 당신이 그리스도인이 된 이후 지금까지 달라진 것이 있다면 무엇인가요?

깊이 들어가기

1. 언약이란 고대 근동 지방에서 행해지던 맹세의 풍습으로
세 가지 요소로 이루어집니다.

'언약'은 원래 고대 근동 지방에서 상호간에 행해지는 맹세를 의미하는 용어로 관계설정, 선물수여, 조건제시의 세 가지 요소로 이루어집니다. 즉, 언약은 두 당사자가 이전과는 다른 새로운 관계를 설정하고, 언약을 주도적으로 이끄는 쪽에서 선물을 수여하고, 언약이 유지되기 위한 조건을 제시하는 방식으로 이루어집니다. 언약을 세운 이후 두 당사자에게는 언약에 신실할 것이 요청됩니다.

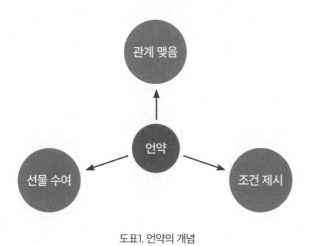

도표1. 언약의 개념

성경에서 '언약'이라는 용어는 중요합니다. 왜냐하면 하나님이 타락한 인류에게 베푸실 구원을 계시하는 용어로 선택되었기 때문입니다.

2. 구약은 하나님의 백성을 언약 백성이라고 표현합니다. 이것은 세 가지 의미를 가집니다.

① 언약 백성은 하나님과 새로운 관계가 되었습니다.

② 언약 백성은 하나님께서 주시는 사명으로서의 땅을 선물로 받았습니다.

③ 언약 백성은 하나님께서 요구하시는 조건, 즉 하나님의 말씀에 신실하게 순종할 책임을 부여 받았습니다.

하나님은 이스라엘과 언약을 맺으셨습니다. 그들을 하나님의 백성으로 선택하여 관계를 맺으시고, 그들에게 땅을 주시며, 하나님의 통치에 순종하게 하셨습니다. 하나님의 통치에 순종하는 것이 바로 언약에 신실하게 살아가는 것입니다. 하나님의 통치에 순종하면 이스라엘은 생명을 누리고, 그들을 통해 온 세상이 회복됩니다.

3. 예수를 주로 고백한 그리스도인은 새 언약의 백성이 되었습니다.

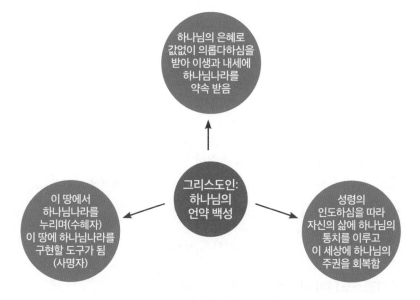

도표2. 그리스도인이 된다는 것의 의미

하나님께서는 예수를 메시야(그리스도)로 보내셔서 구원을 성취하셨습니다. 그러므로 그리스도인이란 십자가에 죽으심으로 우리의 죄를 사하시고 하나님의 언약 백성이 되게 하시며, 부활하심으로 메시야(그리스도)로 증거되신 예수를 주로 고백하는 자들입니다. 우리는 예수를 통해 새 언약의 백성이 된 사람들입니다. 우리는 예수를 통해 하나님과 언약을 맺은 존재이며, 예수를 주로 고백하는 그리스도인들은 누구나 하나님의 언약 백성이 되었습니다.

"네가 만일 _____

_____ 구원을 받으리라 사람이 마음으로 믿어 의에 이르고 입으로 시인하여 구원에 이르느니라" (로마서 10:9-10)

> "주님은 나를 부르시고 크게 외치셔서, 들을 수 없었던 나의 귀를 열어 주셨습니다. 주님은 내게 빛을 비추사 볼 수 없던 눈을 뜨게 해주셨습니다. 당신의 아름다운 향내음을 나의 가슴으로 들이키고 난 후 나는 더욱 당신을 사모하게 되었습니다. 주의 영을 맛본 이후로 나는 더욱 주의 말씀에 주렸고 목이 말랐습니다. 주께서 나를 만지셨고 나는 당신의 평안으로 불타올랐습니다."
>
> - 어거스틴 -

인간은 하나님을 떠나 반역의 삶을 살아가려 하였습니다. 이것이 죄의 본질입니다. 그 결과 하나님을 떠난 인간의 세상에 복 대신 저주가 찾아왔습니다. 저주란 하나님의 복이 결여된 상태를 말합니다.

4. 그리스도인이 된다는 것의 세 가지 의미

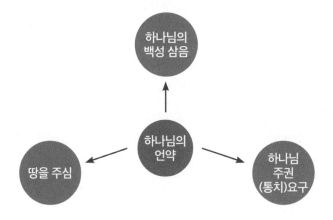

도표3. 언약과 그리스도인

그리스도인이 된다는 것은 예수를 통해 새 언약의 백성이 되었다는 것입니다. 이것을 세 가지 의미로 정리할 수 있습니다.

① 우리는 하나님의 백성이 되었습니다(엡2:8)

② 우리에게는 모든 민족이 살고 있는 땅(하나님의 피조세계)이 선물이자 사명으로 주어졌습니다. (마28:19)

③ 우리는 하나님의 주권에 순종하며, 하나님의 통치가 이 땅에 편만하도록 하는 통로로 부르심을 받았습니다. (마28:20)

Question 1

당신이 하나님의 언약 백성이라는 사실이
어떤 의미로 다가오십니까?

5. 그리스도인은 하나님의 나라를 누립니다.

그리스도인은 십자가에서 죽으시고 부활하신 예수를 믿고 그 은혜를 묵상하며 삶 속에서 하나님의 말씀을 통해 역사하시는 성령의 인도하심을 구하며, 진정한 회개를 통해 나 자신의 욕망을 버리고 하나님의 뜻을 따라 살아감으로 먼저 하나님나라를 누립니다. 우리의 삶이 하나님의 통치를 받는 삶으로 변화되면 이 땅에서 하나님나라를 맛보며 하나님의 복을 경험하게 됩니다.

"내가 이르노니 너희는 _____"
(갈라디아서 5:16)

6. 그리스도인은 하나님나라를 구현하는 도구입니다.

우리는 하나님의 나라를 이 땅에 구현하는 도구입니다. 이러한 사명을 위해 우리는 죽으시고 부활하신 예수께서 진정한 메시야이시며 주이심을 전해야 합니다. 또한 하나님의 통치를 떠나 망가진 이 땅이 어떻게 회복될 것인지 고민하며 우리에게 주어진 달란트로 섬기고 하나님의 나라가 임하길 구해야 합니다. 그럴 때, 우리의 삶은 참된 인간다움을 회복하고 필요한 모든 것들이 공급됨을 경험할 것입니다.

"그런즉 _____ 그리하면 이 모든 것을 너희에게 더하시리라" (마태복음 6:33)

Question 2 당신은 어떤 사역을 통해
하나님의 나라를 구현하는 일에 동참하겠습니까?

7. 하나님나라의 제자인 그리스도인에게 인내와 순종의 삶이 요청됩니다.

누가복음 14장 25-33절을 읽어봅시다. 이 두 비유를 통해 우리가 알 수 있는 것은 무엇인지 정리해봅시다.

_____

_____

_____

_____

_____

_____

그리스도인, 즉 하나님의 언약 백성으로서 예수의 제자가 되는 길은 많은 것들을 요구합니다. 하지만 우리가 거룩한 열망을 품고 나아간다면 하나님께서 우리를 도우실 것입니다. 필요한 모든 것을 채우실 것입니다. 우리에게 필요한 것은 하나님의 인격과 하나님의 구원 계획을 이루실 하나님의 능력을 믿고 인내로 순종하는 것입니다.

"이르시되 내가 반드시 너에게 복 주고 복 주며 너를 번성하게 하고 번성하게 하리라 하셨더니 _____ (히브리서 6:14-15)

""기독교는 반쯤 건축된 채 버려진 망대의 잔해들-쌓기 시작했으나 끝낼 수 없었던 망대들의 유물-로 온통 뒤덮여 있다. 수많은 사람들이 여전히 그리스도의 경고를 무시하고, 먼저 그리스도를 따르는 것의 대가를 곰곰이 생각해 보지 않은 채 그리스도를 따르려하기 때문이다. 그 결과는 오늘날 기독교계의 커다란 추문, 소위 말하는 '유명무실한 기독교'라는 것이다."

존 스토트

 Question 3

당신은 예수를 따르는 하나님나라의 제자로서
살아가기를 소망하십니까?
이것을 위해 당신에게는 어떤 변화가 필요합니까?

내용 정리하기

- **인도자 Question** (인도자가 제시하는 질문으로 의견을 나눕니다.)
- **간증을 읽고 결단하기**

간증 : 흔들림 없는 언약 백성 (40대 형제)

저는 모태신앙으로 태어나 주일학교부터 청년부에 이르기까지 교회에서 제시하는 일정한 형식과 의무를 비교적 잘 지켜왔기에 스스로를 괜찮은 그리스도인이라고 생각했습니다. 하지만 당시의 저는 교회만 꾸준히 다녔을 뿐 하나님의 백성이 된다는 의미와 그 삶에 대해서는 전혀 알지 못했습니다. 죽어서 가게 될 내세적 천국에 대한 확신이 있었지만, 이 땅에서 내 욕망을 따라 어떻게 하면 많은 것들을 누릴 수 있을지에 관심을 두었습니다. 제 자신의 욕망에 마음을 두면 둘수록 세상의 가치관과 압력들에 쉽게 굴복하게 되었습니다. 상사의 눈치 때문에 술을 먹기 시작하였고, 경제적 염려 때문에 나눔에도 인색하게 되었습니다. 하나님의 말씀이 저를 다스리는 것이 아니라 저의 욕망과 세상의 가치가 저를 다스리게 되자 가정은 저와 아내의 욕망이 충돌하는 전쟁터로 변했고, 직장은 지옥처럼 느껴지게 되었습니다.

제 삶의 모든 기반이 무너져버리자 저는 신앙을 먼저 회복해야겠다는 결론을 내리게 되었고, 신앙훈련을 받을 수 있는 작고 건강한 교회를 찾게 되었습니다. 그곳에서의 양육과 훈련들을 통해 그리스도인이 된다는 것의 의미를 깊이 깨닫게 되었습니다. 나의 구원이 나의 종교적 행위에 달려 있는 것이 아니라 하나님의 영원한 언약 위에 세워져 있음을 알게 되었습니다. 하나님의 신실한 언약이 예수를 통해 성취 되었고, 내 존재와 삶이 하나님의 언약 위에 세워져 있음을 인식하자 두려움이 사라졌습니다. 하나님의 통치를 인정하고 따르는 삶이 진정한 평안과 기쁨을 준다는 것을 삶에서 체험하게 되었습니다. 그럴수록 더 하나님의 뜻을 구하며 순종하게 되었고, 하나님의 통치는 제 삶의 전반에 영향을 주었습니다. 불교와 무속신앙을 믿던 아내가 저와 함께 하나님의 나라를 꿈꾸게 되었고, 아내를 통해 처형의 가족들도 조금씩 신앙을 받아들이게 되었습니다.

저는 과거의 저처럼 세상의 가치와 욕망에 굴복하여 온전히 주께 나아오지 못하고 있는 영혼들과 주님을 전혀 알지 못하는 저의 처가를 믿음의 가정으로 인도할 증인으로 쓰임 받고 싶습니다. 저를 이 땅에 보내신 주님의 계획이 저를 통해 모두 이뤄지게 되기를 간절히 소망하며 살아가게 됨이 참으로 행복합니다.

기도하며 마무리하기

우리와 언약을 맺으시고 백성으로 삼아주신 하나님. 하나님께서 우리에게 주신 축복이 무엇이며 우리가 어떻게 살아가야 하는지 깨달아 하나님의 나라를 세우는 일에 동참하는 자들이 되게 하옵소서.

2 신앙과 삶의 일치

1. '신앙과 삶의 일치' 문제를 성경적으로 접근해 본다.
2. 바른 믿음의 기초 위에서 하나님의 말씀을 실천하기 위해 필요한 것들을
   정리한다.

그리스도인은 하나님의 구원을 성취하신 예수 그리스도를
하나님이 보내신 메시야로, 또한 자신의 인생의 주님으로
마음으로 믿으며 입으로 시인한 사람들이다.
구원 받은 그리스도인들은 예수 안에서 새로운 피조물이 된다.
그리스도인은 예수 그리스도의 주되심을 인정하며 성령의 인도하심을 따라
살아가면서 하나님나라를 맛보고, 하나님나라의 도구로 살아간다.
구원의 확신을 가지고 있는 성도라면 이렇게 살아가야 한다.
물론 우리는 완벽한 삶을 살 수 없다. 넘어지기도 한다.
하지만 우리가 하나님의 백성으로 일상을 살아갈 수 없다면
우리의 신앙에 어떤 문제가 있는지 깊이 고민해야 한다.

주제 말씀 읽기와 찬양

· 찬양으로 마음열기

· **주제 말씀**   야고보서 2장 14-18절

"내 형제들아 만일 사람이 믿음이 있노라 하고 행함이 없으면 무슨 유익이 있으리요 그 믿음이 능히 자기를 구원하겠느냐 만일 형제나 자매가 헐벗고 일용할 양식이 없는데 너희 중에 누구든지 그에게 이르되 평안히 가라, 덥게 하라, 배부르게 하라 하며 그 몸에 쓸 것을 주지 아니하면 무슨 유익이 있으리요 이와 같이 행함이 없는 믿음은 그 자체가 죽은 것이라 어떤 사람은 말하기를 너는 믿음이 있고 나는 행함이 있으니 행함이 없는 네 믿음을 내게 보이라 나는 행함으로 내 믿음을 네게 보이리라 하리라"

· 여는 대화

1) 당신은 이 시대 기독교 신앙의 가장 큰 문제가 무엇이라고 생각합니까?

2) 당신 자신의 삶에서, 혹은 다른 기독교인들의 삶 속에서 모순을 느꼈다면, 그 이유는 무엇입니까?

깊이 들어가기

1. 오늘날 그리스도인의 문제는 신앙과 삶이 일치하지 않는 것입니다.

그리스도인의 삶은 복음에 대한 가장 강력한 설명이며, 구원을 받았다는 가
장 강력한 증거입니다. 만약 성도들의 삶에 전혀 거듭남의 증거가 보이지 않
고, 신앙을 입증할 만한 삶의 증거가 나타나지 않는다면 이것은 잘못된 신앙
을 갖고 있다는 것입니다. 삶의 변화가 없는 성도들에게는 두 가지 문제가 나
타납니다.

첫째, 삶에서 구원의 증거가 나타나지 않기에 믿음이 쉽게 흔들립니다.

둘째, 하나님나라를 누리지 못하며 세상의 비난과 하나님의 징계가 반복됩
니다.

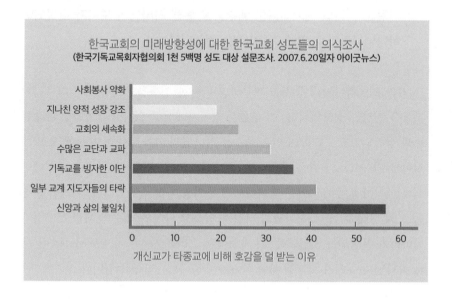

오늘날 한국 교회 성도들은 대체로 강한 구원의 확신을 갖고 있습니다. 하지만 한국 교회에 나타나는 치명적인 약점이 바로 삶에서 구원의 증거가 전혀 나타나지 않는다는 것입니다. 위의 조사를 보면 한국 기독교의 가장 큰 문제는 신앙과 삶이 일치하지 않는 것이라는 결과가 나왔습니다. 간단히 말해 구원을 받아 하나님의 자녀가 된 사람들이 세상 사람들과 거의 다르지 않다는 것입니다. 자신이 하나님의 백성이라는 확신은 강하지만 하나님의 백성이라는 증거가 없는 이 현상은 우리가 해결해야 할 가장 중요한 문제입니다.

신앙과 삶의 일치 문제에 있어서
당신의 삶을 냉정하게 점수로 평가해 봅시다.

2. 기독교 신앙의 메커니즘은 예수님을 통해 하나님의 통치가 회복되어 하나님나라가 이 땅에 이루어지는 것입니다.

기독교는 하나님의 통치를 거부하고 타락한 인류를 구원하시는 하나님의 복음을 전하는 신앙입니다. 이 구원은 십자가에서 죽으시고 부활하신 예수를 통해 성취되었고, 그리스도인은 예수를 하나님의 아들로서 이 세상에 오신 메시야로 믿음으로 구원을 받습니다. 이러한 그리스도인은 하나님을 반역했던 죄를 메시야를 통해 회개하여 하나님의 통치를 따라 살아갑니다. 이러한 순종을 통해 다시 이 땅에 하나님의 나라가 임하고 나아가 예수의 재림으로 하나님나라가 완성되는 것입니다. 이 과정에서 그리스도인은 이 땅에서 예수를 통해 하나님의 통치가 회복된 삶을 살아가며 하나님나라를 누립니다.
이것이 기독교 신앙입니다.

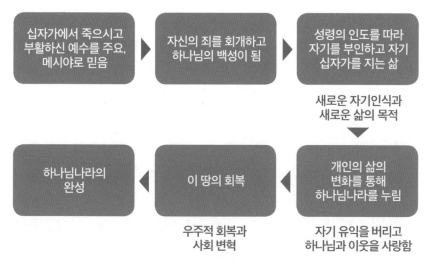

도표4. 기독교 신앙의 메커니즘

3. 기독교 신앙의 잘못된 메커니즘은 샤머니즘적 신앙으로 변질됩니다.

하지만 우리는 기독교 신앙에 대한 총체적이고 정확한 이해에 도달하는데 종종 실패하고 있습니다. 한국 교회 안에 퍼져 있는 잘못된 신앙의 메커니즘 은 다음과 같습니다.

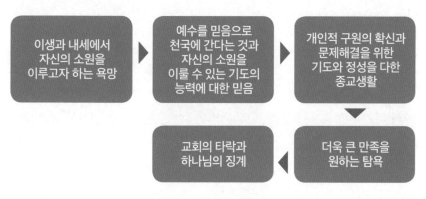

도표5. 잘못된 기독교 신앙의 메커니즘

이러한 메커니즘의 신앙생활은 겉으로 볼 때 기독교 신앙으로 보이지만 결코 하나님의 구원이 임하지 않습니다. 즉 하나님나라가 전혀 이루어지지 않습니다. 왜냐하면 이러한 신앙은 자신의 소원에서 시작되기 때문입니다. 겉은 기독교처럼 보이지만, 결국 샤머니즘적 신앙이 되고 맙니다.

"미가가 은 천백을 그의 어머니에게 도로 주매 그의 어머니가 이르되 _____
_____
_____그러므로 내가 이제 이 은을 네게 도로 주리라" (사사기 17:3)

4. 신앙과 삶의 일치가 되지 않는 것은 잘못된 신앙 때문입니다.

하나님의 구원은 인간의 죄와 그 반역으로 인해 생긴 이 세상의 문제를 해결하는 것입니다. 하지만 이러한 구원의 복음을 도외시한 채, 막연히 종교적 열심을 통해 자신의 문제 해결과 풍성한 이생의 축복을 얻으려고 가르치는 기독교는 사실상 우상숭배이며 기독교적으로 포장된 샤머니즘에 불과합니다.

이러한 개인과 공동체의 열매는 윤리적 타락이며 하나님의 진노하심을 경험할 수밖에 없습니다.

"그러나 백성 가운데 또한 거짓 선지자들이 일어났었나니 이와 같이 너희중에도 거짓 선생들이 있으리라 그들은 멸망하게 할 이단을 가만히 끌어들여 자기들을 사신 주를 부인하고 임박한 멸망을 스스로 취하는 자들이라
_____
_____
_____" (베드로후서 2:1-3)

5. 신앙과 삶의 일치는 구원의 결과입니다.

신앙과 삶의 일치는 윤리운동이 아닙니다. 하나님의 구원을 바르게 이해하
며 그 구원을 이루신 예수를 믿고, 성령의 인도하심을 따라 살아가는 성경적
삼위일체 신앙의 결과입니다. 이제 우리는 하나님의 통치를 떠나 황폐해진 이
땅과 우리의 삶을 회복하시는 하나님의 구원을 누려야 합니다. 그 과정 속에
서 신앙과 삶의 일치는 자연스럽게 성취됩니다.

이러한 신앙과 삶의 일치를 위해 우리는 성경이 가르치는 복음이 무엇인지
명확히 이해하는 훈련을 해야 합니다. 또한 세상의 풍습을 따르는 삶을 깨뜨
리고 하나님의 통치에 순응하는 삶의 훈련을 해야 합니다.

"너희는 유혹의 욕심을 따라 썩어져 가는 구습을 따르는 ＿＿＿＿＿＿＿＿

＿＿＿＿＿＿＿＿＿＿＿＿＿＿＿＿＿＿＿＿＿＿＿＿＿＿＿＿＿＿＿＿＿＿

＿＿＿＿＿＿＿＿＿＿＿＿＿＿＿＿＿＿＿＿＿＿＿＿＿＿＿＿" (에베소서 4:22-24)

6. 신앙과 삶의 일치는 성령의 인도하심을 따라 살아가는 것입니다.

신앙과 삶의 일치는 스스로 경건의 원칙을 세우고, 그 원칙을 지켜 나가는
것으로 이루어지기 어렵습니다. 또한 어떤 윤리적 이상을 설정하고, 완벽한
삶을 추구하는 것도 아닙니다. 이러한 방식으로는 신앙적 삶에 이르기 어렵습
니다. 우리는 성령의 인도하심을 따라 살아갈 때 신앙과 삶의 일치를 이루게
됩니다.

성령의 인도하심을 따라 살아간다는 것은 무엇일까요? 그것은 하나님의 영
이신 성령을 통해 하나님의 통치를 받아들이며 살아가는 것입니다. 성령을 통
해 예수를 믿고, 삶의 모든 순간 예수를 주님으로 인정하며 결정하며 행동하

는 것입니다. 하나님은 성령을 통해 우리에게 믿음을 주시고, 말씀을 통해 우리에게 참된 인생의 길을 주셔서 하나님의 뜻을 이루어 가십니다. 이러한 성령의 인도하심을 따라 살아가다 보면 우리는 성령의 열매를 맺게 됩니다.

우리는 성령 하나님께서 조명하시는 말씀을 통해 삶의 원칙을 이끌어내고 삶의 순간순간 그 원칙을 적용하면서 살아가야합니다. 그것이 바로 신앙과 삶이 일치되는 하나님나라 백성의 삶입니다.

7. 예수님은 성령의 인도를 따르는 신앙과 삶의 일치의 모범을 보여주셨습니다.

마태복음 4장에는 예수님께서 성령에 이끌리어 광야에서 사단에게 시험받는 장면이 기록되어 있습니다. 예수님께서 받으신 세 가지 시험의 장면은 우리에게 성령을 따라 산다는 것이 무엇인가 말씀해줍니다. 이 말씀을 읽고 예수 그리스도께서 어떻게 사단의 시험을 이기고 승리하셨는지 정리해 봅시다.

_____

_____

_____

_____

예수 그리스도께서는 자신의 유익을 위해서가 아니라 백성들의 유익과 하나님의 영광을 위해 모든 능력을 나타내셨습니다. 이런 예수의 삶은 하나님 아버지의 통치에 순종하는 모범을 보여주십니다.

"조금 나아가사 얼굴을 땅에 대시고 엎드려 기도하여 이르시되 내 _____

_____ 하시고" (마태복음 26:39)

예수의 모범에서 볼 수 있듯이 하나님의 구원을 경험하는 삶, 신앙과 삶의 일치가 경험되는 삶은 하나님의 구원을 성경을 통해 깨닫고 하나님의 말씀을 따라 하나님의 통치를 이루는 삶을 소망하며 살아갈 때 가능합니다. 성령은 말씀을 도구로 우리의 내면에 역사하셔서 우리에게 하나님의 사랑을 깨닫게 하시고 그 사랑을 행하게 하십니다.

"내가 아직 너희와 함께 있어서 이 말을 너희에게 하였거니와 _____

_____

_____ 하리라" (요한복음 14:25-26)

이것이 바로 성령을 따라 행하는 신앙과 삶이 일치되는 삶입니다. 이러한 삶은 하나님의 구원의 목적이며 결과입니다. 예수의 모범을 따라 신앙과 삶의 일치를 소망하며 살아갈 때 하나님나라를 경험하는 놀라운 삶을 살아가게 됩니다.

> "신자의 성화가 발전하려면 그는 목표를 가져야 한다. 이 목표는 다름 아닌 예수님이 품으셨던 목표이다. 즉 하나님의 뜻을 행하겠다는 목표이다. 이 한 가지 목표에 집중한다면 우리는 성경의 진리를 깨닫고 성령님의 도우심을 얻어서 더욱 거룩해질 수 있다"
>
> 리처드 오웬 로버츠

Question 2 당신은 성령의 인도하심을 따라 하나님의 통치를 이루는 삶을 살아가기 위해 어떤 경건의 노력을 하고 있습니까?

내용 정리하기

- **인도자 Question** (인도자가 제시하는 질문으로 의견을 나눕니다.)

- **간증을 읽고 결단하기**

간증 : 회복의 열쇠, 신앙과 삶의 일치(40대 자매)

　저는 전형적인 기독교 집안에서 장로의 딸로 태어나 교회라는 울타리 안에서 성장했습니다. 제 신앙생활은 부모님의 기대를 충족시켜 드리면서 물질적 풍요를 구하는 것이었습니다. 예수를 믿으니 천국에는 갈 수 있을 것이라는 비루한 확신을 가진 채 정작 내가 주인이 되어 나의 욕망을 추구하는 삶을 살았습니다. 그런 가치관 안에서 결혼도 세상의 기준과 제 욕심을 따라 선택했습니다. 교만과 욕심으로 가득했던 삶의 선택들은 결혼의 실패와 경제적 어려움이라는 결과를 초래했습니다.

　하나님나라 제자훈련을 받게 되면서 복음이 나에게 주는 구원이 내세적 천국만이 아니라 이 땅에서 하나님의 통치를 따름으로 내 삶에서 이루어지는 '하나님의 나라'라는 것을 알게 되었습니다. 저는 저의 욕망으로 어그러지고 망가진 내 삶이 하나님의 다스림으로 회복되기를 기도했습니다. 내 삶을 하나님의 말씀에 일치시켜나가자, 하나님의 통치와 회복이 내 삶에 나타나기 시작했습니다. 지금의 남편을 만나 서로를 사랑하고 신뢰하며, 하나님의 나라를 함께 꿈꾸는 가정을 이루게 되었습니다. 가정과 직장에서 그리스도인이라는 정체성을 감추어 내 욕심을 추구하는 것이 아니라 사랑과 섬김으로 하나님을 드러내는 것이 사명이라는 것을 깨닫게 되었습니다.

　여전히 문득 문득 죄의 습성으로 돌아가려고 하고, 하나님의 뜻을 따르는 삶이 버거울때도 있습니다. 그러나 하나님의 말씀과 일치된 삶 속에서 진정한 기쁨과 만족이 있음을 압니다. 성령의 인도하심을 구하며 하나님의 말씀에 순종하는 삶이 훈련되어지기를 원합니다. 내 삶을 통해서 복음의 아름다움과 구원의 기쁨이 증거 되기를 소망합니다.

기도하며 마무리하기

우리를 통해 이땅을 통치하기 원하시는 하나님. 하나님의 백성인 교회가 세상의 질타를 받고 있습니다. 나의 탐욕을 위해 살아가지 않고, 예수 그리스도를 본받아 하나님의 통치를 이루는 빛과 소금의 역할을 감당할 수 있도록 지혜를 주옵소서.

3 세상 속의 그리스도인

1. 세상과 그리스도인과의 관계를 정립한다.
2. 이 세상의 특징을 이해하고 그리스도인으로 어떻게 살아야 할지 고민한다.

우리는 그리스도인이 된 이후에
당장 이 세상을 떠나 내세로 가는 것이 아니라 여전히 이 세상에서 살아간다.
따라서 우리가 예수 그리스도를 믿고 하나님의 백성이 된다는 것은
필연적으로 그리스도인이 되기 전과 다르게
이 세상과 매우 독특한 관계를 형성한다는 것을 의미한다.
그리스도인은 여전히 이 세상에서 살아가고 있지만
악한 세상으로부터 구원을 받아 새로운 출생을 하게 되었으며
더 이상 하나님과 단절된 이 세상의 삶의 방식에 속하지 않아야 한다.
이제 그리스도인은 이 세상과 전혀 다른 관계 속에서 살아가게 되며,
또 살아가야 한다.
<자크 엘룰>

주제 말씀 읽기와 찬양

- 찬양으로 마음열기

- **주제 말씀**   요한복음 16장 33절

  "이것을 너희에게 이르는 것은 너희로 내 안에서 평안을 누리게 하려 함이
  라 세상에서는 너희가 환난을 당하나 **담대하라** 내가 세상을 이기었노라"

- 여는 대화

  1) 현대 사회의 가장 큰 문제는 무엇이라고 생각하십니까?

  2) 그리스도인으로 살아가면서 세상의 가치관들과 충돌하는 부분은
      어떤 것이었으며, 언제 느꼈는지 나눠봅시다.

깊이 들어가기

1. 그리스도인은 세상과 독특한 관계를 맺고 살아갑니다.

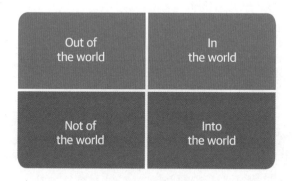

도표6. 그리스도인과 세상과의 관계

거듭난 그리스도인들은 여전히 세상 속에서 살아갑니다. 그 가운데서 세상과 독특한 관계를 형성하게 됩니다. 이 관계를 네 가지로 정리해볼 수 있습니다.

1) Out of the world

우리는 예수 그리스도의 구속의 은총으로 이 세상으로부터 구원을 받았습니다. 우리는 예수 그리스도를 통해 새로운 나라의 백성이 되었으며, 우리는 하나님 아버지의 자녀로 다시 태어납니다. 이것을 거듭난다고 말합니다.

"그가 _____ "
(골로새서 1:13)

2) In the world

우리가 하나님의 자녀가 되었다고 해서 당장 이 세상을 떠나는 것은 아닙니다. 우리는 여전히 이 세상에 존재하며, 또한 존재해야 합니다. 왜곡된 현실속에 존재하면서 때로 유혹을 받습니다. 또한 세상의 방식과 타협하지 않을 때 고난을 당하기도 합니다.

"너희는 _____이는 세상에 있는 너희 형제들도 동일한 고난을 당하는 줄을 앎이라" (베드로전서 5:9)

3) Not of the world

우리는 이 세상에서 육신을 가지고 살아가지만 이 세상에 속해서는 안 됩니다. 오히려 이 세상에서 하나님나라의 삶의 방식을 가지고 살아감으로 세상에 교훈을 주어야 합니다. 이것이 이 세상에 하나님나라를 임하게 하는 것입니다.

"너희는 _____ 오직 마음을 새롭게 함으로 변화를 받아 _____ 하라" (로마서 12:2)

4) Into the world

그리스도인은 세상을 향해 보냄을 받은 자입니다. 하나님께서 세상을 구원하기 위하여 예수를 보내셨고, 예수를 메시야로 믿는 그리스도인들은 하나님나라의 복음을 위해 세상으로 파송됩니다. 이것이 그리스도인들이 세상에 존재하는 이유입니다.

"예수께서 또 이르시되 너희에게 평강이 있을지어다 _____ _____" (요한복음 20:21)

> "성령으로 태어난 그리스도인은 현재 세상 질서에 대한 관계에서도 변화를 경험하게 된다… 요한에게 있어서, 하나님으로부터 태어난 모든 사람은 믿음으로써 세상을 정복한다(요일5:4)… 바울의 용어로 말하자면, 믿음의 헌신을 통해 믿는 자는 마음이 새롭게 되어서 세상을 본받지 않으며, 세상이 자신을 지배하도록 용납하지 않으며(롬 12:1-2) 그 방향대로 따라가지 않는다(엡2:2)."
>
> 싱클레어 퍼거슨

2. 지금 이 세상은 경제라는 우상이 지배하고 있습니다.

지금 우리가 살고 있는 세상은 하나님이 세상을 창조할 때의 모습, 즉 인간이 하나님의 통치에 순종하며 만들어낸 모습이 아닙니다. 이 세상은 인간이 하나님의 통치를 떠나 자신의 탐욕으로 만들어낸 질서가 지배하는 곳입니다. 나아가 이 세상은 시간이 지날수록 더욱 악해지고 있습니다.

자크 엘룰은 그리스도인이 세상 속에 산다는 것은 세상의 임금, 곧 사탄의 영역 안에 산다는 것이라고 말했습니다. 그는 이 세상의 가장 큰 문제는 모든 것이 수단화되고 있으며, 또한 수단이 자신을 정당화하는 것이라고 했습니다. 하나님을 버린 이 세상에는 더 이상 목적이 존재하지 않습니다. 경제가 잘 돌아가기 위해 인간은 재화를 생산하고 소비하는 일에 모든 삶을 소비하게 되었습니다. 인간은 행복을 보장해 준다는 감언이설에 속아 경제라는 현대 우상의 도구로 전락했습니다.

"너는 이것을 알라 말세에 고통하는 때가 이르러 사람들이 _____ _____ 자랑하며" (디모데후서 3:1-2a)

3. 경제라는 수단이 자신을 정당화하는 세상

오늘날의 현실에서 무엇이든지 성공하는 것, 능률적인 것은 정당화됩니다.

수단이 목적이 되고 자신을 정당화시키는 현실은 더 많은 문제점들을 낳습니다. 첫째, 수단이 배타성을 갖는다는 것입니다. 수단은 자신의 진보와 발전에 도움이 되지 않는 모든 것들을 배제시킵니다. 둘째, 수단이 모든 영역을 지배하게 된다는 것입니다.

과거 황우석 사태에서 볼 수 있듯이 돈이 되는 일이라면 무엇이든지 정당화되며, 윤리적 고려는 배제된다는 것이 이 시대의 특징입니다. 사람에 대한 평가도 경제라는 기준으로 이루어집니다. 직업도 경제적 풍요를 줄 수 있느냐로 평가됩니다. 경제라는 수단은 사탄의 의도대로 자신을 정당화하는 일에 성공하고 있습니다.

당신이 속해 있는 분야는 자크 엘룰의 말대로
경제라는 우상의 노예가 되어 가고 있습니까?
구체적으로 어떤 일이 벌어지고 있는지 나누어봅시다.

4. 현대 사회는 진보에 대한 환상과 상대주의로 그 유익함에도 불구하고 하나님을 대적합니다.

1) 모더니즘의 진보에 대한 환상

모더니즘은 인간의 이성과 과학적 발견을 기반으로 한 합리성을 중시하며, 이성과 과학을 통해 진리에 도달하여 사회가 무한히 발전할 것이라는 암묵적 믿음이라 할 수 있습니다. 모더니즘은 사회를 발전시키는데 기여하기도 했습니다. 하지만 인간은 자신들의 능력에 의해 진보할 수 있다는 환상 속에서 자신이 얼마나 악한지 깨닫지 못한 채 하나님의 말씀을 벗어나 더 악한 사회 질서를 만들고 있습니다.

2) 포스트모더니즘의 상대주의

모더니즘의 진보에 대한 믿음에서 나온 문제들을 극복하고자 하는 흐름으로 등장한 것이 포스트모더니즘입니다. 포스트모더니즘은 기존 질서와 권위에 도전하여, 여성과 유색인종의 인권과 소수 약자들에 대한 보호가 가능한 사회 분위기를 만들어 냈습니다. 포스트모더니즘이 만들어낸 상대주의적 경향은 모더니즘 시대의 모든 권위와 질서를 해체하고 인간의 자유를 극대화함으로 긍정적인 사회 변화를 이끄는 듯 보였습니다. 하지만 이는 성경에 근거한 변화가 아니었습니다. 결국 인간의 이성과 과학적 합리주의에 대한 믿음에 기반을 두어 하나님을 떠난 인간이 자유를 더욱 극단적으로 추구하게 하였고, 인간의 윤리를 땅바닥에 떨어트리는 결과를 초래했습니다.

이러한 현대의 사상들은 인간의 이성과 과학적 발전을 무한히 신뢰하는 무신론적 종교이며, 하나님을 적대하는 신앙입니다. 복음은 여성과 인종과 약자에 대한 차별을 해소합니다(갈 3:28). 포스트모더니즘의 출발이 어떠했는지는 중요하지 않습니다. 성경을 거부하고 인간의 이성으로 자신들의 욕망을 정당화하는 세상을 만들어 내고 있을 뿐입니다.

"그러므로 하나님께서 그들을 마음의 정욕대로 더러움에 내버려 두사 그들의 몸을 서로 욕되게 하게 하셨으니…또한 _____

_____

_____ 곧 모든 불의, 추악, 탐욕, 악의가 가득한 자요 시기, 살인, 분쟁, 사기, 악독이 가득한 자요 수군수군하는 자요"
(로마서 1:24, 28-29)

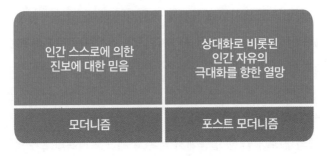

인간 스스로에 의한 진보에 대한 믿음	상대화로 비롯된 인간 자유의 극대화를 향한 열망
모더니즘	포스트 모더니즘

도표7. 이 세상의 두 사상적 기둥

진보와 상대주의를 신봉하는 현대주의의 물결이
당신이 속한 삶의 영역에 어떻게 나타나는지 이야기해봅시다.

5. 이 세상에는 진보신화와 상대주의를 넘어선 근본적인 변화, 즉 하나님의 구원이 필요합니다.

결국 이 세상은 근본적인 변화, 즉 하나님의 구원이 필요합니다. 계속되는 전쟁, 윤리적 타락, 빈익빈 부익부, 가정의 파괴 등으로 대표되는 현대 사회의 문제들을 보십시오. 인간 스스로는 하나님의 구원만이 가져올 수 있는 근본적 변화를 절대 이룰 수 없습니다. 이 세상에는 하나님의 구원이 필요합니다. 하나님의 통치가 회복되어 이 세상에도 회복이 일어나야 합니다. 그리스도인들은 하나님께 선택 받아 이 세상을 회복하는 하나님의 거룩한 도구입니다. 그리스도인이라면 성경의 가르침들을 통해 이런 세상의 우상 숭배적 경향을 분석해 내고 하나님의 통치에 의한 회복이 일어나도록 힘써야 합니다.

> "문화에는 가치관이 내재되어 있다. 문화의 많은 가치관은 우리가 현대에 누리는 문명의 이기를 통해 전달되는 경우조차도 신앙의 본질을 교란시키는 역할을 한다. 기술이 바로 그런 사례. 기술은 우리의 잠재적 능력을 크게 확장시켰고 우리 생활 전반에 그 혜택을 확산시켰지만 그와 더불어 거의 불가피하게 자연주의적 태도 및 효율적인 것을 선한 것과 동일시하는 윤리관을 불러오기도 했다. 기술 그 자체가 복음을 공격하는 것은 아니지만 기술 사회에서 복음을 무의미하다고 여기게 마련이다."
>
> 데이비드 웰스

당신은 이 세상이 진보하고 있다고 보십니까?

아니면 더욱 타락하고 있다고 보십니까?

또한 그렇게 생각하는 근거는 무엇입니까?

내용 정리하기

• **인도자 Question** (인도자가 제시하는 질문으로 의견을 나눕니다.)

• 간증을 읽고 결단하기

하나님을 만나기 전 저는 '돈이 있어야 행복하게 살 수 있다'라는 생각에 사로잡혀 있었습니다. 돈 앞에서 항상 전전긍긍하며 돈이 나의 자존심이라 생각했습니다. 지금의 직장과 연봉에 만족하지 못한 저는 동료보다 더 앞서 나가기 위해 경쟁하며 사람들의 인정을 구했고, 사람들과 작은 것도 나누지 못했습니다. 내심에는 항상 더 나은 조건의 직장으로의 이직을 생각했습니다. 이렇게 삶의 목적을 '돈'에 두고서 열심히 노력했지만 돈은 나를 행복하게 만들어 주지 못했습니다. 오히려 주변 사람들과의 관계를 망가트리고 미래를 생각하면 항상 불안하고 두렵기만 했습니다.

기독교세계관을 배우고 훈련하게 되면서 이런 저의 가치관의 변화가 찾아왔습니다. 지금까지 제가 붙잡고 살아온 가치와 목표들이 전혀 복음적이지 않았다는 것을 알게 되었습니다. 경제라는 우상에 속아 하나님보다는 물질을 중심에 두고 살았으며, 포스트모더니즘적인 상대주의 가치관을 따라 나의 욕망을 정당화했던 나의 삶을 인식하게 되었습니다. '나의 삶의 목적과 사명이 하나님을 떠나서는 결코 만족에 도달할 수 없다'라는 사실을 인정하게 되었습니다. 나의 삶의 목적과 사명을 나의 욕망에 두지 않고 하나님나라에 두었을 때 현재의 직업과 옆에 있는 사람들로 인해 하나님께 감사할 수 있었습니다. 내가 가진 것에 대해서 만족하고 작은 것도 나눌 수 있는 여유가 생겼습니다.

이제는 가정과 직장, 공동체 안에서 하나님나라를 꿈꾸며 이웃을 사랑하고 작은 것에도 감사하며 나누는 그리스도인으로 살아갈 것입니다. 세상의 영향을 받는 것이 아니라 세상 속에 보냄을 받아 하나님나라의 영향력을 미치는 성도로 살아가도록 훈련되는 자신에 참 만족합니다.

기도하며 마무리하기

우리를 이 세상에 보내신 하나님. 우리는 하나님의 백성이지만 여전히 이 세상에서 살아가고 있습니다. 하나님께서 우리를 이 세상에 보내신 것을 깨닫고 악하고 탐욕이 가득한 곳에서 세상의 흐름을 벗어나 분별하며 승리하는 삶을 살아갈 수 있도록 도와주소서.

4 복음을 통한 공적 영역의 회복

1. 하나님나라가 임하는 것이 모든 공적 영역들에 어떤 의미가 있는지 배운다.
2. 복음의 증인으로 우리 삶에 필요한 것들을 생각한다.

하나님의 나라가 온다는 소식은 지금 왜곡되어 있는 이 세상의 모든 영역,
즉 타락한 인간을 구원하여 내세의 소망을 주는 일에서 그치는 것이 아니라
정치와 경제, 학문과 예술, 환경에 이르기까지
타락에 의해 망가진 모든 창조세계가 회복될 것이라는 소식이다.
그리스도인은 예수 그리스도를 믿음으로 바로 이 회복을 맛보는 복된 사람들이며,
나아가 밀가루 반죽을 부풀게 하는 누룩처럼
이 세상의 모든 영역에 하나님의 통치가 임하여
하나님의 창조질서가 회복되게 하는 사람들이다.

주제 말씀 읽기와 찬양

· 찬양으로 마음열기

· **주제 말씀**   고린도후서 10장 4-6절

"우리의 싸우는 무기는 육신에 속한 것이 아니요 오직 어떤 견고한 진도 무너 뜨리는 하나님의 능력이라 모든 이론을 무너뜨리며 하나님 아는 것을 대적 하여 높아진 것을 다 무너뜨리고 모든 생각을 사로잡아 그리스도에게 복종 하게 하니 너희의 복종이 온전하게 될 때에 모든 **복종**하지 않는 것을 벌하려 고 준비하는 중에 있노라"

· **여는 대화**

1) 당신이 속한 직업의 영역에서 바뀌어야 할 문제점들은 무엇입니까?

깊이 들어가기

1. 세상은 하나님의 복이 사라진 사망의 상태입니다.

이 세상은 타락한 인간에 의해 하나님의 창조 질서가 망가지고 왜곡된 상태로 존재합니다. 인간은 하나님의 선한 통치에서 벗어나 사탄의 왕국에서 종노릇하고 있습니다. 또한 복을 잃어버리고 스스로 저주의 상태에 놓여있습니다. 이 상태가 바로 사망의 상태입니다.

"여러분도 전에는 범죄와 죄로 죽었던 사람들입니다"
(에베소서 2:1, 표준새번역)

2. 하나님나라의 복음은 이러한 세상을 회복시키는 것입니다.

하나님께서 예수를 통해 이루시려는 구원은 십자가에 죽으시고 부활하셨으며, 지금도 세상을 통치하고 계시는 예수를 믿음으로 이 세상 나라에 하나님나라가 성취되게 하는 것이며, 나아가 예수의 재림을 통해 세상을 심판하고 하나님나라를 완성하는 것입니다. 그러므로 복음은 하나님께서 자신의 백성을 구원하여 내세로 데려가시기 전에, 그들의 삶에 하나님의 통치를 회복하여 하나님나라를 누리게 하며, 그들을 통해 망가진 세상을 회복시키는 것입니다.

> "에덴 이후 창조 세계에 죄의 영향이 미치지 않는 곳이 하나도 없듯이, 그리스도가 십자가에서 승리하신 이후 창조 세계에서 하나님의 구속이 미치지 않는 영역은 있을 수 없다."
>
> 마이클 고힌, 크레이그 바르톨로뮤

3. 그리스도인은 회복되어 생명을 누리며,
세상 모든 영역을 회복하는 도구로 부르심을 받았습니다.

1) 회개와 믿음을 통한 개인의 회복

하나님나라의 도구가 되기 위하여 그리스도인은 먼저 혼신의 힘을 다해 사탄의 노예가 된 상태로부터 벗어나기 위한 씨름을 해야 합니다. 그래서 개인의 삶이 회복되고, 가정이 하나님의 통치 가운데 회복을 맛보아야 합니다. 이를 위해 우리는 먼저 회개해야 합니다.

"이 때부터 예수께서 비로소 전파하여 이르시되 _____

_____ 하시더라" (마태복음 4:17)

2) 교회를 통한 이 세상의 회복

개인 영역의 회복을 경험한 그리스도인들은 공동체인 교회를 통해 이 세상 모든 영역에 하나님나라가 임하도록 해야 합니다. 그리스도인으로서 온 세상에 하나님나라가 임하게 하려면 이 세상 안에서 그리스도인으로 살아가는 자신의 위치를 명확하게 파악하고 있어야 하며 또한 신앙과 세상과의 관계도 정확하게 이해하고 있어야 합니다.

"새 사람을 입었으니 이는 _____

_____" (골로새서 3:10)

우리는 변화된 이성으로 세상을 바라보며, 왜곡된 창조 질서를 고발하고 나아가 하나님의 선하시고 온전하신 뜻을 깨달아 이 세상을 회복하는 일에 힘써야 합니다.

도표8. 그리스도인의 소명

4. 이 세상을 회복하기 위해 변화 받은 지성이 필요합니다.

교회가 이 세상의 회복을 위한 도구가 되기 위해서, 그리스도인들의 지성도 변화가 필요합니다. 세상을 바르게 이해하며 하나님의 뜻을 분별하기 위해서는 일관적인 기독교적 사고체계가 필요하기 때문입니다.

지금 현대 사회에는 대중매체를 통해 무분별하게 단편적 정보들이 쏟아지고 있으며 그리스도인들 조차 무엇이 진실인지 파악하기 점점 힘든 상황에 처해 있습니다. 이에 그리스도인들이 해야 할 일은 세속적인 해석의 틀을 버리고 영적인 판단력을 소유해야 합니다. 모든 세상의 현상과 사실들을 종합하여 통합적인 사고 가운데서 성경 중심의 기독교적 세계관과 진리를 구성하려고 노력해야 합니다. 이를 통해 사탄의 지배하에 있는 세상이 우리에게 주입하는 사고의 틀을 버리고 변화 받은 지성으로 이 세상에 대한 대안을 만들어갈 수 있습니다. 이러한 과정이 교회의 교육을 통해 이루어지면 좋습니다.

> "하나님은 모든 일을 귀하게 여기신다. 그러므로 자신이 하는 일이 빌리 그래함 이나 마더 테레사의 일에 비해 하찮다고 느끼는 것은 옳지 않다. 하나님이 보시기에 중요한 것은, 드러나지 않은 자리든 잘 드러나는 자리든 간에 그 분의 부르심을 따르는 것이다"
>
> 허드슨 아머딩

 우리 개인의 삶과 가정에 하나님나라가 임하며,
우리 교회 공동체에 하나님나라가 임하기 위해
나는 무엇을 해야 하는지 나누어봅시다.

5. 하나님의 창조질서 회복에 대한 고민이 우리가 속한 영역에서 일어나고 있습니다.

다음의 인용문을 읽고 자신의 영역에서도 비슷한 경우가 있는지, 자신의 생각은 어떤지 나눠 봅시다. (<세계관은 이야기다>, 마이클 고힌 외 p. 276-278에서 발췌)

(1) 어느 큰 회사의 중간 관리직으로 일하는 그리스도인 여성 사업가가 있다. 다른 모든 요인은 안중에 없이 영리적 목적만이 회사를 지배하고 있고 정말 중요한 것은 돈 뿐이라는 사실을 그녀는 점점 분명히 알게 된다. 하지만 그렇게 영리만 추구하면 불의한 경제 구조가 굳어져 개발도상국들의 빈곤을 악화시키고 자연 환경을 파괴한다는 것을 그녀는 알고 있다. 일자리를 지키면서도 이러한 불의에 대처하려면 이 여성 사업가는 어떻게 반응해야 할까?

(2) 공립 대학에서 박사 과정을 밟고 있는 그리스도인 대학원생이 있다. 자신이 연구하는 주제의 기초 자체가 상대주의라는 사실을 그는 점점 분명히 알게 된다. 교수들과 동료 학생들은 독단적인 자세를 취하여, 성경을 비롯한 참된 메타내러티브가 존재할 수 있는 가능성 자체를 아예 배제한다. 하지만 그들의 세계관 자체도 극히 신앙적인 것이며, 거기에 근거하여 그들은 동성애자 차별, 가부장제, 인종 차별, 자민족 우월주의 등을 '죄'로 여기고 가차 없이 맹비난한다. 그들은 모든 학자가 자신들의 기준대로 학문을 해야 한다고 독단적으로 주장한다. 생각하는 그리스도인인 학생은 이러한 학계에서 어떻게 처신할 것인가?

(3) 어느 정신과 병원에 부임한 그리스도인 여성 사회복지사가 있다. 인간의 죄성이라는 사실을 무조건 부인하는 인간관이 그동안 병원의 정책을 이끌어 왔음을 그녀는 알게 된다. 이 문화의 관점에 따르면, 모든 문제는 외부의 환경 탓이며 개인은 자신의 문제에 대해 일말의 책임도 없다. 하지만 이 그리스도인 사회복지사는 그런 식으로 접근하는 의료 문화가 자신이 섬기는 사람들의 존엄성을 박탈하며 오히려 문제의 해결을 방해한다고 확신한다. 그녀는 인간이 하나님의 형상대로 지음 받았으되 죄성을 지닌 존재임을 진지하게 받아들이는 편이 훨씬 더 유익한 접근이라고 믿고 있다. 그렇지만 그녀가 일하는 분야의 문화 전체는 그러한 접근을 거부한다. 이렇게 신념이 상충되는 환경 속에서 그녀는 어떻게 자신의 본분을 다할 것인가?

(4) 어느 공립 초등학교에 역사 교사로 부임한 그리스도인 교사가 있다. 학교 측은 그녀에게 어떤 식으로든 신앙이 일에 '개입'되어서는 안 된다고 못 박는다. 교과서에 나온 대로 역사를 가르치라는 것이다. 하지만 곧 알고 보니, 그 교과서가 말하는 이야기는 복음을 출발점으로 한 이야기와 일치하지 않는다.

그 학교에서 가르쳐야 할 공식 '역사'는 인류가 특히 과학과 기술을 통해 진보하고 진화한다는 개념을 당연시하고 있다. 이러한 상황 속에서 이 교사는 어찌할 것인가?

(5) 마침내 꿈을 이루어 프로 야구팀에 입단한 그리스도인 야구 선수가 있다. 그는 경쟁을 하나님의 선물로 보고 즐기는 사람이지만, 프로 스포츠 세계를 지배하는 경제학이 점점 불편하게 느껴진다. 한 선수의 가치가 정말 수천만 달러나 된단 말인가? 목숨만이라도 부지하려고 발버둥치는 사람들이 세상에 수없이 많은데, 그런 어마어마한 연봉이 과연 정당화 될 수 있는가? 연봉을 협상하는 기준이 선수들에게 현실적으로 필요한 돈의 액수도 아니고 선수 생활이 아주 짧을 수 있다는 인식에 있지도 않음을 그는 곧 알게 된다. 그보다, 선수들이 요구하는 연봉은 이기주의와 노골적 탐욕의 산물이다. 이러한 환경속에서 그는 '하나님의 영광을 위해' 야구를 한다는 것이 과연 어떤 의미일지 의문이 든다.

(6) 관직에 선출된 그리스도인 여성 정치인이 있다. 그녀는 진정으로 사회를 더 정의롭게 하는 법률들을 제정하고 싶다. 하지만 정치 과정에 점점 더 개입하면서 그녀는 어떤 희생도 마다않고 개인의 자유만 떠받드는 자유주의 이데올로기가 편만해 있으며 그것이 오히려 불의를 조장하고 있음을 알게 된다. 진정으로 정의를 우려하는 마음보다 돈과 정치적 압력이 정책의 결정을 좌우할 때가 더 많다는 것도 알게 된다. 그런데도 이것은 정치판의 당연한 모습일뿐 주변의 누구도 그런 사실들 때문에 고민하지 않는다. 이 여자는 끝까지 현실에 동화되지 않고도 훌륭한 정치인이 될 수 있을까?

6. 이 세상의 대표적인 여섯 영역의 왜곡상태와 회복된 모습에 대해 정리해 봅시다.

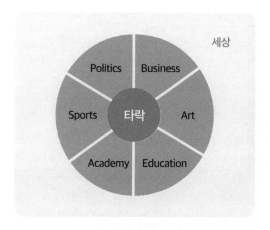

도표9. 왜곡된 6Fields

하나님의 구원은 이 세상의 모든 영역에 하나님나라가 임하는 것입니다. 이제 이 세상의 여섯 영역의 왜곡된 현실과 그 현실을 어떻게 회복되어야 하는지 정리해봅시다.

영역	왜곡된 현실	하나님의 질서로 회복된 모습
사업		
정치		
스포츠		
예술		
교육		
학문		

우리는 하나님께서 각 영역에 부여하신 선한 창조질서를 부정하지 말아야 합니다. 동시에 파괴된 모든 영역을 바로 잡기 위해 힘써야 합니다. 우리는 어떻게 이 왜곡된 세상 속에서 자신을 지킬 뿐 아니라 하나님께서 말씀하신 것들을 지키게 할 것인지 답을 찾아야 합니다.

 당신은 어떤 영역에 속해 있습니까?
당신의 영역에 하나님나라의 회복이 일어나기 위해
고민하고 해결해야 할 문제들은 어떤 것이 있습니까?

내용 정리하기

• **인도자 Question** (인도자가 제시하는 질문으로 의견을 나눕니다.)

• **간증을 읽고 결단하기**

> **간증 : 모든 세상을 위한 복음(40대 형제)**
>
> 목사의 아들로 태어나 자란 저는 교회와 일상에서의 너무나 다른 제 모습 때문에 불편하기도 했습니다. 하지만 '세상과 교회는 좀 다른 곳이지 않나?' 하는 이분법적인 생각으로 제 자신을 합리화했습니다. 세상에서의 제 모습은 전혀 복음적이지 못했으며 이러한 삶의 변화에 대한 갈망 또한 없었습니다. 제 신앙은 자라지 않고 마치 퇴보하는 것 같았고, 가식적인 제 모습에 회의가 들었습니다. 의학을 전공하면서 고통스런 질병들의 원인과 경과, 치료 방법들을 연구하면서 하나님의 선하심과 전능하심에 대해 의심이 들기도 했습니다.
>
> 그러나 제자훈련을 통해 복음이 나의 종교생활에만 영향을 미치는 것이 아니라 세상의 모든 영역을 회복시키는 능력이 있다는 것을 배우게 되었습니다. 그것은 저의 전공과 병원을 선택하는 중요한 기준이 되었습니다. 돈과 성공, 편함이라는 세상의 가치를 따르지 않고 하나님의 나라가 구현되는 것에 중점을 두니 선택이 어렵지 않게 되었고 선명해졌습니다. 그 결과 환자 중심적으로 진료할 수 있는 환경에서 정기적으로 해외로 의료선교를 다니며 제가 속한 영역에서 조금씩 하나님의 나라를 이루어갈 수 있었습니다. 제가 속한 의료계의 현실은 밝지 않습니다. 어느 곳보다 사람을 위해야 할 곳이지만 사람보다 돈이 우선될 때가 많고, 환자라는 말 보다는 고객이라는 인식이 더 자연스러워졌습니다. 이곳에서 환자를 먼저 생각하고, 사람을 치료함으로 하나님의 사랑과 위로를 전하는 제 사명을 온전히 감당해나가고 싶습니다. 저를 통해 제가 속한 영역을 회복해 가실 주님을 찬양합니다.

기도하며 마무리하기

이 세상을 회복케하실 하나님. 우리의 죄로 인해 나뿐 아니라 세상이 저주받았음을 고백합니다. 하나님께 회개하며 내가 변화되게 하시고 나를 통해 가정과 나라와 세계 열방에 하나님의 나라가 임하도록 사용하여 주시옵소서.

5 하나님나라를 구하는 기도

1. 하나님나라를 구하라고 가르치신 예수님의 기도를 배운다.
2. 우리의 기도에 대한 이론과 실천방향을 모색한다.

어느 사회에나 절대자에 대한 믿음과
그에 대한 의존 현상으로서의 종교현상이 나타난다.
그리고 모든 종교 현상에는 공통적으로 기도가 존재한다.
따라서 특정 종교를 신봉하지 않는 사람들도
다른 사람들을 위해 기도하겠다는 말을 한다.
그 의미는 물론 '잘 되기를 바라겠다'는 것이리라.
우리의 기도도 이와 같은 것이면 충분한가?
하나님나라를 구하는 기도란 무엇인지 생각해보자.

주제 말씀 읽기와 찬양

· **찬양으로 마음열기**

· **주제 말씀** 에베소서 1장 15-19절

"이로 말미암아 주 예수 안에서 너희 믿음과 모든 성도를 향한 사랑을 나도 듣고 내가 기도할 때에 기억하며 너희로 말미암아 감사하기를 그치지 아니하고 우리 주 예수 그리스도의 하나님, 영광의 아버지께서 지혜와 계시의 영을 너희에게 주사 하나님을 알게 하시고 너희 마음의 눈을 밝히사 그의 부르심의 소망이 무엇이며 성도 안에서 그 기업의 영광의 풍성함이 무엇이며 그의 힘의 위력으로 역사하심을 따라 믿는 우리에게 베푸신 능력의 지극히 크심이 어떠한 것을 너희로 알게 하시기를 구하노라"

· **여는 대화**

1) 지금까지 당신은 언제 간절히 기도하게 되었나요?

2) 당신은 실제로 어떻게 기도를 실천하고 있습니까?

깊이 들어가기

1. 성경은 샤머니즘적 기도를 경계합니다.

우리는 기도해야 합니다. 그러나 기도는 기독교에만 있는 것이 아닙니다. 세상의 욕망을 따라 신의 도움을 요청하는 샤머니즘적 기도가 우리 주변에 팽배합니다. 우리는 기도에 대한 바른 개념을 소유하며 성경적 기도를 훈련하기 위해 먼저 샤머니즘적 기도에 대해 생각해 보아야 합니다.

샤머니즘 종교에서는 기도를 들어줄 절대적 존재에 대한 믿음, 그 절대자의 힘을 이끌어내는 샤먼, 절대적 존재에게 요청하는 소원을 가진 대중이 존재합니다. 대중은 자신의 소원을 들어줄 절대자에게 대한 믿음으로 신에게 직접적으로 또는 샤먼을 통해 종교적 정성을 바치며 기도합니다. 이 과정에서 신이 누구인지, 신의 뜻은 무엇인지는 전혀 중요하지 않습니다. 이런 방식으로 자신의 간절한 소원을 자신이 의존하는 신이 들어줄 것이라는 확신을 가지고 기도하는 것이 바로 샤머니즘적 기도입니다. 문제는 대부분의 그리스도인들도 이런 것을 기도라고 생각하고 있다는 것입니다.

예수님은 이런 기도를 이방인들의 기도라고 책망하십니다.

"그러므로 염려하여 이르기를 _____

_____ 너희 하늘 아버지께서

이 모든 것이 너희에게 있어야 할 줄 아시느니라" (마태복음 6:31-32)

이런 방식의 기도는 아무리 그 기도가 하나님을 대상으로 한다고 해도 의미가 없습니다. 하나님께서는 우리에게 하나님의 구원을 계시하시고, 우리가 하나님의 뜻 안에서 기도하도록 가르치십니다.

> "하나님의 뜻에 합당하게 써서 사람들을 이롭게 하려는 게 아니라 그저 개인적인 욕심에서 '아무개한테 그러신 것처럼 제게도 큰돈을 주세요.' 라든지 '이름을 날리게 해주세요. 힘 있는 자리에 가고 세상에서 다 알아주는 인물이 되게 해주세요.'라고 기도하는 이가 있다면, 주기도문의 어느 한 부분과도 자신의 요청들을 연관시켜서 맞출 수 없다. 그런 제목을 두고 구하는 걸 부끄럽게 여길 줄 알아야 한다."
>
> 어거스틴

샤머니즘적 기도와 비교해
지금까지 당신의 기도생활에 대해 나누어봅시다

2. 기도를 들으시는 하나님이 계시고 우리는 기도할 수밖에 없는 존재라는 사실이 기도의 기초입니다.

1) 기도를 들으시는 하나님

우리는 하나님께서 기뻐하시는 기도를 하는 일에 미숙합니다. 그럼에도 불구하고 우리가 하나님께 기도할 수 있는 이유는 그분이 기도를 들으시는 하나님이시기 때문입니다.

"여호와께서 _____

_____" (시편 116:1-2)

우리는 말을 배우듯이 기도를 배울 수 있습니다. 기도의 훈련을 통해 이론에 그쳤던 기도에 대한 지식이 체험적 지식으로 변화됩니다.

2) 기도할 수밖에 없는 인간

우리는 하나님의 복이 결핍된 세상 속에 살아가고 있습니다. 우리는 하나님의 인도하심 없이는 우리에게 필요한 것이 무엇인지도 잘 알지 못합니다. 따라서 하나님은 권리이자 의무인 기도를 가르치십니다. 예수님은 아버지이신 하나님께서 기도하는 자에게 가장 좋은 것으로 응답하신다고 말씀하십니다.

"너희가 악한 자라도 좋은 것으로 자식에게 줄 줄 알거든 _____
_____"

(마태복음7:11)

우리는 기도를 통해 하나님의 통치를 누리며 살아갈 수 있으며 이 땅에 하나님나라를 이루는 사명을 감당할 수 있습니다.

3. 예수님께서는 그리스도인이 어떻게 기도해야 할지 친히 가르쳐 주셨습니다.

그렇다면 그리스도인들은 어떻게 기도해야할까요? 예수께서 가르치신 기도를 통해 우리는 올바른 기도란 무엇인지 알 수 있습니다. 주기도문의 각 부분들이 어떤 의미인지 적어 봅시다.

① 하늘에 계신 우리 아버지여 (마태복음 6:9a)

_____
_____
_____

② 이름이 거룩히 여김을 받으시오며 나라가 임하시오며 뜻이 하늘에서 이어진 것 같이 땅에서도 이루어지이다 (마태복음 6:9b-10)

_____

_____

_____

_____

_____

③ 오늘 우리에게 일용할 양식을 주시옵고 우리가 우리에게 죄 지은 자를 사하여 준 것 같이 우리 죄를 사하여 주시옵고 우리를 시험에 들게하지 마시옵고 다만 악에서 구하시옵소서 (마태복음6:11-13a)

_____

_____

_____

_____

_____

④ 나라와 권세와 영광이 아버지께 영원히 있사옵나이다 (마태복음 6:13b)

_____

_____

_____

_____

_____

하늘에 계신 우리 아버지여	나의 무력함을 인정하며 아버지께 나아가는 것
이름이 거룩히… 땅에서도 이루어지이다	자기 통치의 삶을 거부하고 하나님의 통치를 기대하는 것
오늘날 우리에게… 다만 악에서 구하옵소서	자신의 욕망을 따르는 삶을 회개하고, 하나님의 도우심을 믿으며 거룩한 삶을 결단하는 것
나라와 권세와 영광이… 있사옵나이다	신에 대한 막연한 믿음에서 구원하시는 하나님에 대한 참된 지식으로 나아가는 것

도표10. 예수께서 가르치신 기도

 Question 2 예수님의 기도를 통해 당신이 지금까지 했던 기도에 대해
개선 방향을 이야기 해봅시다.

4. 기도에는 훈련이 필요합니다.

예수님이 가르치신 기도는 하나님과의 진정한 교제 입니다.

"너는 기도할 때에 _____

_____ 은밀한 중에 보시는 네 아버지께서

갚으시리라" (마태복음 6:6)

우리의 기도는 은밀하며 진실한 하나님과의 만남입니다. 하나님과의 만남
을 위해 우리는 어떤 방해도 없는 절대 고독의 시간을 만들어야 합니다. 그리

고 그 시간 속에서 하나님과 교제하며 진정한 기도를 체험해야 합니다. 온갖 미디어에 24시간 접속되어 있는 이 시대에 이러한 고독의 시간을 만들기 위해서는 각자에게 많은 노력과 훈련이 필요합니다.

5. 우리의 기도는 응답하시는 하나님과 그의 나라와 의에 맞추어져 있어야 합니다.

하나님과의 만남을 통해 우리는 하나님나라와 그의 의를 구해야 합니다. 이러한 기도는 욕망을 따르는 삶에 대한 철저한 회개와 하나님의 구원에 대한 절대적 요청, 또한 세상 모든 영역에 하나님의 통치가 이루어지기 소망하는 것입니다. 또한 우리가 그에 필요한 사명을 감당하겠다는 헌신의 다짐을 포함합니다.

하나님은 자신의 뜻을 이루시기 위하여 우리에게 그 뜻을 계시하시고 우리가 기도할 때 성령을 통해 그것을 깨닫게 하십니다. 더불어 자신의 뜻을 이루시기 위해 인간에게는 도저히 불가능한 일들을 행하십니다. 하나님께서는 하나님의 방식으로 하나님의 때에 하나님의 놀라운 능력으로 우리의 기도에 가장 아름답게 응답하십니다.

6. 기도는 하나님의 무한한 능력에 대한 믿음을 요청합니다.

기도를 통해 귀신들린 자에게 하나님의 구원이 임하며,

"집에 들어가시매 제자들이 조용히 묻자오되 우리는 어찌하여 능히 그 귀신

을 쫓아내지 못하였나이까 이르시되 _____
_____ 하시니라" (마가복음 9:28-29)

개인과 공동체에 성령이 임하여 놀라운 회개와 변화가 나타납니다.

"빌기를 다하매 모인 곳이 진동하더니 _____
_____
_____
_____" (사도행전 4:31-32)

기도는 자연현상도 주관하며

"엘리야는 우리와 성정이 같은 사람이로되 _____
_____
_____"
(야고보서 5:17-18)

질병과 죽음 같은 죄의 모든 증상들을 치유하기도 합니다.

"베드로가 사람을 다 내보내고 _____
_____ 그가 눈을 떠 베드로를
보고 일어나 앉는지라" (사도행전 9:40)

그러나 우리는 이에 근거하여 샤머니즘적 기도를 하는 실수를 범하지 말고
철저히 하나님께 의존하며 거룩한 삶으로 나아가기 위해 하나님의 통치를 구

하는 기도를 해야 합니다. 하나님나라와 의를 구하며 기도할 때 하나님의 무한한 능력을 이 땅에 초청할 수 있습니다.

> "기도만큼 위대한 것은 없다. 하나님 앞에선 어떤 문제도 하찮은 것이 된다."
>
> 팀 켈러

내용 정리하기

• **인도자 Question** (인도자가 제시하는 질문으로 의견을 나눕니다.)

• **간증을 읽고 결단하기**

> **간증** : 샤머니즘적 기도에서 하나님나라를 구하는 기도로(40대 자매)
>
> 사춘기 때부터 나는 '왜 살지?', '또 어떻게 살아야 하는지?'에 대한 답을 알고 싶었습니다. 그러나 누구에게도 그 답을 찾을 수 없었고, 옳은 방향이 아니라 편하고 쉬운 길만을 택했습니다. 겉으로는 온순하고 인정 많은 사람인척 하고 있었지만, 상처 받는 것이 두려워서 그 누구에게도 마음을 열지 않았고, 모든 관계에 어려움을 겪게 되었습니다. 마음의 상처와 현실의 문제를 가지고 하나님께 기도했지만 엉킨 실타래처럼 제 삶은 풀리지 않았습니다.
>
> 제자훈련을 받게 되면서 진실한 나를 보게 되었습니다. 새벽과 밤에 부르짖었던 나의 기도가 하나님을 이용해 나의 욕망을 이루려고 하는 샤머니즘적 기도와 다를 바 없음을 깨닫게 되었습니다. 내가 내 삶의 주인이 되어서 하나님의 통치를 거부하고, 하나님을 통해 나의 욕망과 탐심을 이루려했던 삶에는 진정한 복과 평안이

임할 수 없었습니다. 기도에 대해 배우며 하나님을 인정하지 않았던 나의 교만함을 회개했습니다. 스스로는 길을 찾을 수 없는 저의 무력함을 철저히 인정하고 제 삶에 하나님의 나라와 그 분의 통치가 임하기를 간절히 구했습니다. 하나님의 뜻을 아는 것이 저의 기도제목이 되었고, 하나님의 뜻을 순종하는 것이 저의 삶이 되어가기 시작했습니다.

이제는 가족들을 실망의 눈이 아니라 이해와 사랑의 눈으로 바라보며, 남편과 자식들의 삶이 하나님의 뜻 위에 세워지기를 기도하게 되었습니다. 나의 욕심과 고집으로 하나님께 떼를 쓰던 기도의 시간이 이제 하나님의 선하신 뜻이 내 삶을 붙들고 계심을 확신하며 자족과 감사로 넘치게 되었습니다. 나의 삶과 가정을 통해 하나님의 복음과 정의가 흘러가기를 소망하게 되었습니다.

기도하며 마무리하기

우리의 기도를 들으시고 응답하시는 하나님. 지금까지 저의 기도생활을 돌이켜봅니다. 나의 이기심과 욕심을 채우기 위해 하나님을 이용했던 것을 회개합니다. 하나님과의 교제시간을 소중히 여기며 기도를 통해 하나님의 나라와 뜻이 무엇인지 깨닫고 구하여 얻는 자가 되게하옵소서.

6 복음을 증거하는 삶

1. 복음을 증거하는 삶이 무엇을 의미하는지 정리한다.
2. 복음 증거의 삶을 위한 구체적인 실천 방안을 모색한다.

베드로는 오순절에 십자가에 달리신 예수께서 인류의 메시야요 주님이라고
설교하며 회개를 선포했다.
사도들이 죽으시고 부활하신 예수 그리스도를 통한
하나님나라의 소식을 전했을 때,
회개하고 예수를 믿은 사람들은 하나님나라 공동체를 형성했다.
그 공동체는 탐욕을 버리고 자신의 것을 나누며
공동체와 가정에 하나님나라의 모습이 나타나고 사람들로부터 칭송을 받았다.
변화된 공동체 자체가 복음을 증거했다.
이 공동체의 존재방식과 그 공동체의 구성원들이 하나님나라의 가장 큰 증거였다.

주제 말씀 읽기와 찬양

• **찬양으로 마음열기**

• **주제 말씀**　사도행전 20장 22-24절

"보라 이제 나는 성령에 매여 예루살렘으로 가는데 거기서 무슨 일을 당할
는지 알지 못하노라 오직 성령이 각 성에서 내게 증언하여 결박과 환난이
나를 기다린다 하시나 내가 달려갈 길과 주 예수께 받은 사명 곧 하나님의
은혜의 **복음을 증언하는 일**을 마치려 함에는 나의 생명조차 조금도 귀한 것
으로 여기지 아니하노라"

• **여는 대화**

1) 지금까지 당신이 복음을 증거하는 삶을 살아왔다면 어떤 방식으로 복음을
   증거했는지 나눠봅시다.

2) 당신이 전도하는 것이 어려웠다면 그 이유는 무엇입니까?

깊이 들어가기

1. 하나님나라를 살아가는 공동체의 존재방식이 복음 증거의 기초입니다.

복음을 증거하는 공동체의 첫 번째 사명은 회개하여 하나님의 통치가 구현되는 공동체로 존재하는 것입니다. 자신의 이기적 욕망을 따르는 존재 방식을 버리고 진정으로 회개함으로 하나님의 통치를 따라 하나님나라를 살아가는 존재방식을 구현할 때 교회가 전하는 소식은 복음일 수 있습니다.

"하나님의 나라는 먹는 것과 마시는 것이 아니요 오직 성령 안에 있는 의와 평강과 희락이라 이로써 _____

_____

_____" (로마서 14:17-19)

다시 말해 그리스도인들은 자신의 삶, 가정, 자신이 속한 공동체 안에서 단순히 기도하고 말씀을 보는 개인 경건의 삶을 넘어서서 성경 이야기가 가르치는 방식으로 존재하기 위해 힘써야 합니다. 교회가 예수 이름으로 모여 있다 하더라도 그들의 존재 방식이 탐심과 정욕의 방식이라면 복음의 증인이 될수 없습니다. 진정한 그리스도인들은 자신의 욕망을 위해 살아가던 옛 사람을 버리고 하나님의 통치가 임하는 새 사람이 되어야 합니다. 그럴 때 복음을 증거하기 적합한 공동체가 됩니다.

"오직 위로부터 난 지혜는 _____

_____ 화평하게 하는 자들은 화평으로 심어 의의 열매를 거두느니라" (야고보서 3:17-18)

당신은 하나님께서 다스리시는 복음적 삶을 살아가고 있습니까?
하나님의 통치가 이루어지지 않는 내 삶의 모습은 무엇입니까?

2. 그리스도인이 전할 복음의 메시지는 이것입니다.

① 십자가에 죽으시고 부활하신 예수가 주님이시요, 인류를 구원할 메시야
(그리스도)이다.

"너희와 모든 이스라엘 백성들은 알라 _____
_____
_____
_____ 하였더라" (사도행전 4:10-12)

_____
_____
_____
_____
_____

② 하나님의 구원으로서의 하나님나라가 예수를 통해 이미 임했고 예수의
재림을 통해 완성될 것이다.

"그들이 날짜를 정하고 그가 유숙하는 집에 많이 오니 바울이 아침부터
저녁까지 강론하여 _____
_____ 권하더라.... _____
_____ 담대하게 거침없이 가르치더라"
(사도행전 28:23,31)

_____
_____
_____
_____
_____

3. 복음의 증인이 된다는 것은 복음으로 망가진 세상의 모든 영역을 회복
시키는 것입니다.

복음은 단지 한 개인을 내세의 천국으로 인도하는 것에서 끝나지 않습니다.
복음은 하나님나라가 이 땅에 임하게 함으로 이 세상의 모든 영역들을 회복하
는 능력을 갖고 있습니다. 예수 그리스도의 사역을 묵상해봅시다.

"예수께서 온 갈릴리에 두루 다니사 _____
_____ " (마태복음 4:23)

결국 복음의 증인이 된다는 것은 예수의 사역을 묵상하며, 자신의 삶의 영역
에 하나님나라의 새로운 질서가 임하게 하는 것입니다. 이것이 바로 하나님과
세상을 화목하게 하는 증인의 사명입니다.

"
_____ 곧 하나님
께서 그리스도 안에 계시사 세상을 자기와 화목하게 하시며 그들의 죄를 그
들에게 돌리지 아니하시고 화목하게 하는 말씀을 우리에게 부탁하셨느니라"
(고린도후서 5:18-19)

　　내세의 천국만을 강조하며 이방 종교와 다름없는 기복주의를 추구하면 우
리가 전하는 복음이 무지한 복음이라는 비난을 사회로부터 받을 수밖에 없습
니다. 교회에 와서 세례를 받고 주일성수/십일조/교사나 성가대를 하는 것 자
체가 공동체의 존재방식이 아닙니다. 하나님나라의 일꾼으로 양육되며, 각자
의 삶의 영역에서 하나님의 백성의 삶으로 훈련되어 우리 각자가 하나님의 통
치에 순종하는 백성으로 성장해야 합니다. 우리 삶의 일상 속에서 주님의 통
치에 순종하며, 회복을 경험해야 합니다. 그리고 우리는 성경을 잘 정리하여
복음을 증거해야 합니다. 복음을 증거한다는 것은 한 사람을 온전한 그리스도
인이 되도록 양육하며, 왜곡된 하나님의 창조세계를 회복하는 것입니다. 복음
은 십자가에 죽으시고 부활하신 예수에 대한 소식이며, 그가 이 세상에 가지
고 온 하나님나라에 대한 소식입니다.

> "우리는 증거가 일련의 말이나 계획이라는 생각을 극복해야 한다. 최고의 증거는
> 삶을 통한 증거이다. 물론, 모든 증거는 언어적 측면이 있다. 당신이 모범적인 삶을
> 살고 있다면, 다른 사람들이 정말 감동을 받고 당신을 찾아와 이렇게 말할 것이다."
> '저도 당신처럼 살고 싶어요.', '당신이 왜 그렇게 사는지 알고 싶어요.', '그리스도를
> 영접하고 싶어요.'
>
> 빌 브라이트

4. 이웃들에게 복음을 증거해야 하는 이유는 다음과 같습니다.

1) 복음을 전하고 세상 모든 사람들을 제자 삼는 일은 예수님의 유일하고도 가장 큰 명령이다.

"또 이르시되 _____" (마가복음 16:15)

2) 예수 그리스도의 복음은 세상을 창조하신 하나님의 구원을 얻는 유일한 길이다.

"예수께서 이르시되 _____

_____" (요한복음 14:6)

3) 사람들은 모두 인생에 대한 해답이 필요하다.

"너희 마음에 그리스도를 주로 삼아 거룩하게 하고 _____

_____ 온유와 두려움으로

하고" (베드로전서 3:15)

4) 그리스도인만이 복음을 듣고 체험했으며, 전할 수 있다. 우리는 모두 예수의 증인이다.

"또 그의 이름으로 죄 사함을 받게 하는 회개가 예루살렘에서 시작하여 모든 족속에게 전파될 것이 기록되었으니 _____"
(누가복음 24:47-48)

5) 교회 공동체는 세상의 결핍을 채울 수 있는 하나님의 충만함이다.

"교회는 그의 몸이니 _____"
(에베소서 1:23)

5. 복음 증거의 실제적인 방법들을 소개합니다

1) 직접 복음을 전한다.
가장 간단하고도 효과적인 방법입니다. 4영리나 브릿지 같이 복음의 핵심을 다루는 전도책자를 암송하여 3-6분 정도 간략히 전할 수 있도록 준비하면 어디서나 복음을 전할 수 있습니다. 경우에 따라서는 즉석에서 주님을 영접하도록 요청할 수 있습니다.

2) 예배로 인도한다.
매주일 예배는 하나님의 복음을 선포하고 들을 수 있는 가장 좋은 기회입니다. 사람들은 예배에 참석하여 공개적으로 신앙을 표현하며 찬양하고 기도하는 모습을 통해 강력한 하나님의 역사를 느끼게 됩니다.

3) 자신의 개인적 간증을 전해준다.

자신이 예수를 만나서 변화된 삶을 살게 되었음을 말과 행동으로 간증하는 것은 대단한 능력을 갖습니다. 강요의 복음 전파보다 자신의 삶을 보여주는 자연스럽고도 조용한 간증은 힘이 있습니다.

4) 섬김을 통해서 마음을 전한다.

이 세상은 명성, 권력 그리고 돈에 관심이 있습니다. 그러나 예수님은 세상과 전혀 다른 방식으로 사람들을 대하셨습니다. 천하고 가난한 사람들도 찾아가셨고 제자들의 종이 되셨습니다. 그것은 사람들에게 강한 감동을 주었습니다. 섬김은 섬기는 자를 기쁘게 하는 놀라운 힘이 있으며, 섬김을 받는 자에게 마음을 열어 복음을 받아들이게 하는 힘이 있습니다.

5) 믿지 않는 사람들을 친구로 삼고 사랑하며 살아간다.

아직 믿지 않는 사람들도 하나님의 형상을 지녔다는 것을 기억하고 그들을 단지 '전도대상자'로만 보지 말고 진정한 친구로 관계하며 살아가야 합니다. 모든 면에서 그리스도의 향기를 나타내야 합니다. 그럴 때, 마음 문이 열리고 마음이 통하며 복음을 전할 수 있게 됩니다.

도표11. 복음 전파의 구체적 방법들

"그토록 많은 하나님의 자녀들이 벙어리라는 사실은 매우 슬픈 일이다. 그렇지만 그것은 사실이다. 부모들은 그들의 자녀들이 벙어리로 태어나는 것을 커다란 재난으로 생각한다. 그들은 그 사실에 큰 슬픔을 느낄 것이다. 그러나 당신은 하나님의 자녀 가운데 벙어리가 많다는 사실을 생각해 본 적이 있는가? 교회는 그러한 자들로 가득 차 있다. 그들은 그리스도를 증거하지 못한다. 그들은 정치, 예술, 과학, 유행 등과 같은 것에 대해서는 곧 잘 이야기하지만 하나님의 아들에 대해서는 벙어리다."

D.L. 무디

 당신이 복음을 전하여 교회로 인도하고자 원하는 사람은 누구인지 나누어봅시다.

내용 정리하기

• **인도자 Question** (인도자가 제시하는 질문으로 의견을 나눕니다.)

• **간증을 읽고 결단하기**

간증 : 하나님나라 복음의 증인으로 부르신 하나님(40대 형제)

저는 대학생 때 주님을 만났습니다. 내면에 성령으로 충만한 더 나은 그리스도인이 되고 싶은 열정이 있었습니다. 그래서 교회에서 열심히 봉사했고 주일학교를 열심히 섬겼습니다. 그 결과 안수집사가 되었습니다. 하지만 제 이기적인 본성은 좀처럼 변화되지 않았고, 가정과 직장에서 그리스도인으로서의 좋은 영향력을 끼치지 못했습니다.

저는 저의 종교적 열심에만 만족하고 있었고, 제가 아는 복음은 개인적이고 내세적인 구원에만 머물러있었습니다. 교회 공동체가 하나님나라 확장을 위해 역동적으로 나아가는 모습에 대해서는 상상할 수 없었습니다. 주변 사람들에게 복음을 전하고 교회로 인도하고 싶어도 과연 그 사람이 이러한 교회와 복음에 만족할 수 있을까 고민하며 주저했습니다. 저는 저와 교회의 모습을 보면서 복음에 대해 부끄러워하고 있었습니다.

방황의 끝에 기회가 생겼고, 하나님나라 제자훈련을 받게 되었습니다. 그 과정에서 개개인이 구원받고 예수님을 만나는 사건은 개인보다는 다른 사람을 복주기 위한 하나님의 부르심임을 알게 되었습니다. 예수 그리스도를 주로 고백한다는 것이 개인적인 구원을 넘어 하나님나라의 확장을 위해 시간과 물질과 삶을 헌신하는 하나님의 백성이 된다는 것임을 깨닫게 되었습니다. 예수를 증거하는 삶이 되기 위해 '어떻게 신앙과 나의 삶을 일치시킬 수 있을까'에 대해 고민하게 되었습니다. 그 결과로 사람에 대해 관심을 더 많이 갖게 되었습니다. '이 사람이 나에게 어떤 유익을 줄까?'의 관점이 아니라 복음을 전하기 위해 그 사람의 이야기를 들어주고 이해하고 기도하는 시간이 더 많아졌습니다.

하나님나라의 백성이 된 새로운 삶을 통해 하나님의 복음이 충만하게 전해지기를 소망합니다. 이제 직장에서 자신 있게 복음을 전하고 있습니다. 주변 지인들에게 자연스럽게 복음을 전하고 있으며, 어려움을 당한 같은 소그룹의 성도들에게도 복음의 능력을 증거 할 수 있게 되었습니다. 나의 신앙이 주변의 몇몇에게만 영향을 끼치는 것이 아니라, 하나님의 약속처럼 만민에게 복음을 전하고 복을 끼치는 삶이 될 수 있도록 준비되는 하나님의 성도가 될 것을 기대합니다.

기도하며 마무리하기

주님께서 우리를 하나님의 백성으로 삼으시고 하나님나라를 전하는 일꾼으로 세워주심을 감사합니다. 하나님나라를 누리며 삶으로 보여주고 예수 그리스도에 대해 담대히 말하는 복음 증거자들이 되게 하옵소서.